소소하게

미니멀

라이프

나와 지구를 위한 일상의 소소한 실천

소소하게 미니멀 라이프

이지은

표지와 내지는 친환경 종이 '문켄폴라'와 '그린라이트'를 사용했습니다.

목 차

프롤로그 … 12

물 건 … 17

비 움 … 29

생 활 … 40

채 식 … 54

환 경 … 65

연 대 … 80

에필로그 … 96

물 건

비 움

생 활

채 식

환 경

연 대

프롤로그

나의 한 장의 미니멀 라이프

2017년 1월 건대의 한 중고서점에서 우연히 『도미니크 로로의 심플한 정리법』이라는 책을 만났다. 그 책은 내 인생에서 가장 크게 나를 변화시킨 책이다. 물건을 비우며 단순한 삶이 주는 여유를 느끼게 되었다. 집의 가전제품과 가구를 제외하고 내 물건을 하나둘 비우기 시작했다. 유명한 일본 미니멀리스트 곤도 마리에의 '설레지 않으면 버려라'라는 구절은 나를 자극했다.

나는 소유물을 줄인 후 2017년 가을 동유럽으로 교환학생을 떠났다. 25인치 캐리어 하나 끌고 유럽으로 떠나, 나중에는 가방 하나로 짐을 줄여 배낭여행을 다녔다.[1] 그 후 한국으로 돌아온 나는 내 미니멀 라이프를 심화할 방법을 고민하게 되었다.

---

1 이 이야기는 나의 첫 책 『가방 하나, 유럽』에 담겼다.

방구석 미니멀리스트

　나는 '방구석 미니멀리스트'다. 어느 블로그에서 이 단어를 처음 접했을 때, 매우 공감했다. 깔끔한 원목 가구, 아무것도 없는 방에 툭 놓여 있는 싱그러운 화초, 다 좋다. 나도 꿈꾸는 바이다. 다만 모든 사람이 미니멀 라이프를 꿈꾸는 건 아니기에, 동거인과의 의견 조율은 언제나 필요하다. 당장 '집에 있는 가구들을 미니멀하게 바꾸자'라며 가족을 선동하는 대신, 나 스스로 실천하고 변화할 수 있는 방법이 있지 않을까? 환경과 관련된 실천, 이를테면 제로 웨이스트 Zero Waste[2]나 채식은 어떨까? '환경운동가'보다는 '일상의 환경 실천가'로서 쉽게 실천할 수 있는 것들을 해보기로 했다. 또한, 이 이야기를 나누고 싶어 개인 블로그에 매일 하나씩 나의 실천기를 적기 시작했다.

2　포장을 줄이거나 재활용이 가능한 재료를 사용해서 쓰레기를 줄이려는 세계적인 움직임

나무를 심은 사람

　소설 '나무를 심은 사람'에는 한 평범한 사람인 '엘제아르 부피에'가 나온다. 아내가 세상을 떠나고, 자식도 집을 떠난 그의 하루는 집 근처에 매일 100개의 도토리를 심으며 지나간다. 40년간 그가 매일 씨앗을 심은 덕에 폐허였던 한 공간은 울창한 숲이 되고, 아랫마을은 사람들이 사는 행복한 마을로 바뀐다. 이 책은 세상을 변화시키는 한 사람의 작은 습관과 끈기의 힘을 보여준다. 작은 것을 꾸준히 하는 힘을 느끼고 싶어, 일주일에 두세 시간은 집을 평소보다 더 깨끗이 하는 시간으로 보낸다.

　1일 1실천은 내 인생을 어떤 방향으로 변화시킬까? 이 책은 2018년 4월부터 2019년 4월까지, 초반에는 매일 하나씩, 후반에는 느슨하게 실천한 나의 미니멀리즘과 채식, 제로 웨이스트 에세이다.

물

건

손수건

　손수건은 대표적인 환경 실천 물건이다. 손에 들고 다니는 자그마한 수건을 뜻하는 손수건. 화장실에서 손을 씻고 물기를 닦거나 음식을 먹고 입가를 닦는 등 은근히 유용한 물건이다. 예쁜 옷이나 가방을 보면 혹하듯 요즘 나는 예쁜 손수건에 혹한다. 처음 사용하기가 어렵지, 쓰다 보면 편리하다. 집에 있는 손수건을 먼저 사용해 보거나 취향에 맞고 오래 쓸 수 있는 것으로 장만하는 것도 좋겠다.

소창 수건

소창은 아기 면 기저귀로 많이 사용되는 부드럽고 가벼운 천이다. 소창 수건은 금방 마르고 가벼워 여행지에서도 일상에서도 사용하기 좋다. 게다가 관리만 잘하면 오래 쓸 수 있다고 하니, 더욱더 경제적이고 고맙게 느껴진다. 다만, 자주 삶아 주어야 한다는데 게으른 나는 겨우 세탁만 하고 있다. 많은 장점이 존재하지만, 얇아 물기를 많이 흡수하지 못한다는 것이 한 가지 단점이다. 가볍게 몸을 닦을 때는 괜찮은데 물기가 많은 머리를 말릴 때는 수건이 금방 젖는다. 그래도 장점이 좋기에 사용한다.

꼭 필요해 남긴 물건을 잘 사용하고 소중하게 관리하는 것이 바로 미니멀 라이프다.

지갑

　지갑은 고마운 존재다. 신분증을 담을 수 있고, 돈과 카드를 안전하게 보관할 수 있다. 나는 국내에서는 지갑에 신분증, 체크카드, 현금만 들고 다닌다. 멤버십 카드는 '월렛 Wallet'이라는 아이폰 앱을 사용해 관리한다. 해외로 여행을 떠날 때는 주민등록증을 놓고 여권만 들고 간다. 혹시라도 있을 소매치기를 대비하는 것이기도 하고, 어차피 외국에서 주민등록증이 필요한 경우는 없으니 집에 두는 게 낫다고 판단해서다.

텀블러

 미니멀 라이프를 실천하다 보면 내가 만드는 쓰레기도 최소화하고 싶다는 생각이 자연스레 든다. 텀블러를 들고 다니는 것이야말로 가장 실천하기 쉬운 첫걸음이다. 처음에는 카페에서 쓰는 일회용 컵을 분리수거하면 되지 왜 줄여야 하는가에 대해 궁금했다. 빅이슈 157호 〈그린 이슈 리포트〉에 실린 글[3]에 따르면, 230억 개의 종이컵 중에 재활용되는 것은 1%에 불과하다. 카페에서 흔히 사용하는 일회용 컵은 내수성[4]을 위해 컵 내부에 폴리에틸렌 성분이 코팅되어 있다. 코팅 때문에 일반 종이로 재활용되기 어렵다. 특히 오염된 종이는 잘 재활용되지 않아, 우리가 분리수거하는 것이 100% 재활용된다고 보기 어렵다. 또한, 일회용 플라스틱 컵도 카페의 로고가 인쇄되어 있으면 재활용이 되지 않는다. 따라서, 애초부터 일회용 쓰레기를 발생하지 않도록 유리잔, 머그컵을 사용해야 한다.

---

3 배선영, "오늘도 격렬히 일회용품을 싫어하는 중입니다", 빅이슈 157호 (2017).
4 물에 저항하기 위한 특성

다회용 빨대

 2019년 여름, 한국의 큰 이슈 중 하나는 '카페 내 일회용 컵 금지'였다. 가뜩이나 바쁜 카페 업무에 컵 설거지는 늘었지만, 전국 카페의 일회용 컵을 금지하면서 플라스틱 사용량이 크게 줄었으니 분명 가치 있는 변화다. 그렇지만 플라스틱 빨대는 버젓이 사용되는데, 그를 대체할 물품은 '다회용 빨대'다. 대나무, 스테인리스, 유리 빨대가 대표적이다.

 요즘은 카페 측에서 종이 빨대, PLA[5] 빨대, 유리 빨대를 사용하기도 한다. 옥수수 전분으로 만들어 플라스틱처럼 생겼지만 생분해되는 빨대도 있고, 풀로 만든 풀 빨대도 있다. '지구를 푸르게'라는 거창한 이유가 아니더라도 당장 오늘 마시는 공기가 맑으면 기분이 좋으니, 환경을 생각하는 것이 숨 쉬듯 자연스러우면 좋겠다.

---

5 옥수수 등의 식물성 소재에서 추출한 원료로 만든 친환경 수지. 폐기 시 미생물에 의해 100% 생분해된다.

나무 옷걸이

　나무 옷걸이를 들였다. 걸어 놓으면 옷 태가 나고, 옷을 더 소중히 다루게 된다. 무심코 사용하는 일상 속 물건이 보기 좋고 질감도 좋을 때 기분이 좋아진다.

유리 용기

경의선 숲길에 있는 책방에 독립출판 클래스를 들으러 가기 전, 도시락을 쌌다. 아보카도, 삶은 달걀, 과일이 그 주인공이다. 유리 용기를 선물로 받아 도시락을 담는 데 유용하게 사용했다. 플라스틱 용기에 과일, 채소가 아닌 음식을 담으면 냄새가 밴다. 유리 용기는 무겁지만, 따로 음식 냄새가 배지 않아 청결하다. 또한, 생분해 PLA 밀폐 용기도 있다. 역시 튼튼하며, 환경 호르몬이 나오지 않고, 오래 사용한 후에는 자연으로 돌아간다.

유리, 스테인리스, 나무, 플라스틱 등 어떤 재질의 도시락 용기를 사용할지는 개인의 선택이다. 그렇지만, 우선은 집에 있는 멀쩡한 용기를 잘 사용하다가 바꿀 시점에 나를 위한 선택을 하면 좋겠다.

나무 칫솔

때로는 우연 같은 만남이 있다. 나무 칫솔을 사려고 마음 먹었을 때는 안 보이다가 우연히 들어간 곳에서 나무 칫솔을 만났다. 보통 신중하게 물건을 사지만, 필요한 것은 망설임 없이 구매하게 된다. 물론, 일반 칫솔에 사용되는 플라스틱은 매우 작은 부분이다. 그렇지만 플라스틱 칫솔의 작은 부분마저 생각하는 마음이 모인다면 더 큰 것을 이뤄낼 수 있지 않을까?

플라스틱 칫솔은 재활용이 되지 않는 일반 쓰레기다. 손잡이는 플라스틱이지만, 칫솔모는 나일론 등 여러 소재로 이루어져 있기 때문이다. 플라스틱 칫솔은 분해되는 데 500년이 걸려 지금까지 전 세계인들이 버린 칫솔 중에 썩어서 없어진 건 하나도 없다고 한다. 대나무 칫솔은 6개월 안에 자연으로 돌아간다. 내 작은 행동이 작지 않은 변화를 이끌 수도 있다.

나무 빗

 벌써 반년을 함께 한 나무 빗이 있다. 투박하지만 하나뿐인 모양으로 처음 봤을 때 내 마음에 쏙 들어 지름신을 부른 아이다. 나무 빗을 사용하다 보면 빗살에 머리카락과 때가 낀다. 아마 모든 빗의 숙명일 것이다. 나무 빗을 관리할 때는 나무라는 재질 특성상 물이 아니라 식물성 기름으로 닦아줘야 한다. 우선, 헝겊을 놓고 칫솔로 때를 뺀다. 그 다음 식물성 기름을 바른 헝겊으로 빗을 쓱 닦는다. 그럼 나무 빗 관리 끝. 나무 빗을 사용하다가 에디킴의 '너 사용법' 노래가 떠올랐다.

 "부드럽게 무드 있게 따뜻하게 꼭 안아주시오.
 매일 한 번씩 사용하시오.
 잘 때는 나긋하게 조용하게 눈물 나게 말해주시오.
 매일 한 번씩 너무 고마워."

좋아하는 노래인데, 잔잔한 선율이 언제 들어도 감미롭다. 내 공간, 옷과 물건들이 내게 주는 고마움을 매일 표현한다면 주어진 것에도 감사하는 행복한 사람이 될 것 같다.

밀대

 한가로운 주말 낮, 청소기가 아닌 밀대와 빗자루로 집 청소를 한다. 집 안을 밀대로 밀며 다니니, 일본의 미니멀 라이프 드라마 〈우리 집엔 아무것도 없어〉의 주인공 유루리 마이가 된 기분이다. 부우웅- 바쁘면 청소기도 로봇 청소기도 좋지만 가끔은 전기 없이 밀대 청소도 좋다.

비

움

외국 동전

집 구석구석의 동전을 모아 유니세프 모금함[6]이 있는 편의점을 찾았다. 단순히 동전을 비우는 게 아니라 여행의 추억만 남기고 언젠가 또 가리라는 미련을 버린다. 만약에 또 가게 된다면, 그때는 새로운 마음으로 환전을 할 것이다. 집 근처 편의점에 들러 동전을 한 가득 집어넣으니 편의점 직원분께서 말을 건넨다.

"이건 대만 동전이네? 방콕 동전, 일본 지폐도 있네."

알고 보니 외국에서 오래 살았던 분이다. 편의점 직원과의 여행 이야기라니 신기한 경험이다. 여행지에서 동전은 남김없이 쓰되, 남더라도 기부라는 좋은 방식을 사용해 처분할 수 있어 좋다.

---

6 유니세프 'Change for good' 프로젝트로 아시아나 항공, 인천국제공항, 신한은행, 국민은행, 대구은행, CU편의점, 롯데슈퍼 등에 외국동전 모금함이 비치되어 있다.

학용품

   우리 집에는 학용품이 꽤 많았다. 학창 시절 색깔별 펜과 노트를 사는 게 취미였다. 무지개색 펜이며 자, 연필, 샤프펜슬 등 집에 있는 문구류를 다 모으니 박스가 가득 찼다. 유용하게 사용하던 것들이다. 다만 지금은 노트와 펜보다는 노트북을, 색색의 펜보다는 검은색 펜 한두 개를 사용한다. 기증처를 찾다가 문구류를 기증받는 한 지역아동센터를 발견했다. 연락을 하고 나서, 학용품을 정성껏 포장해 택배로 보냈나. 지역 아동들이 학용품을 유용하게 써주길. 고맙다는 메시지에 마음이 따뜻해졌다.

장식

　소비를 줄이며 안 사게 된 것 중에 매니큐어가 있다. 예전에는 하루의 보상 심리로 집 가는 길 색색의 매니큐어를 사곤 했다. 친구 집에서 본 매니큐어로 가득한 파우치가 부럽기도 했고, 스무 살이 누릴 수 있는 소소한 사치였으리라. 1+1 세일 기간에는 화장품 가게를 지나치지 못하고, 가을이면 가을 색, 봄이면 봄 색의 매니큐어를 골랐다. 바를 때와 바르고 난 다음 날은 기분이 좋다. 그렇지만 손톱을 칠하며 뭉게뭉게 피어오르는 설렘은 곧 벗겨지는 매니큐어를 보며 사그라들고, 괜히 얼룩덜룩한 손톱을 보면 '에라이' 하는 기분이 들었다.

싸게 산 귀걸이와 매니큐어를 정리하면서 (대부분 굳어서 버리고) 이제 나에겐 장식품이 남지 않게 되었다. 아무것도 안 하는 게 편하게 느껴진다. 여전히 감각적인 옷차림에 액세서리를 한 사람들을 보면 감탄한다. 아름다움을 즐기는 취미도 지지한다. 그저 나는 더 적은 소비로 얻은 자유로움이 좋다. 소비란 것은 그만큼의 수입을 전제로 하고, 돈을 번다는 건 시간과 에너지가 드는 일이다.

『두 남자의 미니멀 라이프』에서는 물건을 사기 전에, 그 물건의 가격을 몇 시간의 노동이 필요한지 바꾸어 생각해 그 값어치가 있는가 고민한다고 한다.

| 옷

철마다 옷장 정리를 하며 안 입는 옷을 기증한다. '아름다운 가게'와 '굿윌 스토어[7]'를 자주 이용한다. 철 지나거나 사이즈가 안 맞는 옷이 기증 대상이다.

안 입게 되는 옷에는 다 이유가 있다.

---

[7] 발달장애인에게 일자리를 제공하여 경제적인 자립을 돕는 기증 센터다. 2022년 9월 기준, 전국 14개 지점이 운영되고 있다.

우산

  우산을 비울 방법을 고민하다가 미니멀 라이프 카페에서 알게 된 '엘리베이터 나눔'을 해보기로 했다. 엘리베이터가 있는 아파트 같은 주거 공간에서 나눌 물건을 상자나 종이 봉투에 담아 엘리베이터 안에 두는 방식의 나눔이다. 이웃들이 엘리베이터를 타면서 필요한 물건을 집어갈 수 있도록 말이다. 모든 물건을 가져가지는 않으므로, 박스나 포스트잇에 수거 시간을 적어주고 적어도 당일 안에 박스와 남은 물건을 수거하는 게 예의다.

  이 나눔으로 우산 외에도 주방용품과 핸드폰 케이블을 이웃에게 나눴다. 유용한 물건은 순식간에 사라진다. 한번은 기분 좋은 쪽지도 받았다. 잘 사용하겠다는 글을 적은 쪽지가 우산 대신 붙어 있었다. 이웃의 정이 느껴졌다.

사진

클라우드에 쌓인 수천 장의 사진을 정리해보기로 했다. '1000장만 남기자'는 것이 목표다. 우선, 캡처한 사진을 지웠다. 그 당시 정보를 얻기 위해 캡처한 사진들은 몇 년 뒤에는 효용이 없다. 그래서 요즘은 대신 메모를 한다. 그다음 마음에 드는 사진만 남겼다. 디지털 사진첩도 어릴 적 아날로그 사진첩처럼 정성스레 고른 사진이 남길 바랐다. 여행, 친구와의 추억, 강아지 사진이 주로 남았다.

아름다운 순간을 그저 눈과 마음에 담고 싶을 때도 있다. 그렇지만 눈에 담기 아쉬울 때 카메라 셔터를 누르는 게 아닐까? 또, 내가 고심을 다해 찍은 순간의 사진을 나 혼자 간직하기 아까워 남에게 사진을 내밀며 자랑하고 이야기를 하는 것일지도 모르겠다. 희로애락이 있었을 지난 시간을 그저 아름답게 추억하고 싶은 마음이다.

상장

 상장을 전부 비웠다. 초등학생 때 받은 각종 우수상, 글쓰기상, 고등학생 때 받은 장학증서가 그 대상이다. 몇 개의 자랑스러운 상장은 스캔해서 드라이브에 저장해 두었다가, 파일도 전부 지웠다. 미니멀 라이프 책에서 과거는 과거일 뿐이라는 글을 봤다. 과거의 영광에 취하지 않고 충실한 지금 이 순간을 살 수 있다는 말이 마음에 든다.

중고 거래

중고 거래는 받을 사람이 정해지지 않은 '기증' 대신 정말 사용할 사람에게 물건을 전달해준다는 점이 가치 있다. 책상, 안 읽던 한국 문학, 세계 문학 전집, 어릴 적 사용하던 십자수 실 박스, 취미로 배운 유화 도구, 안 신은 운동화 등을 중고로 판매했다. 십자수 박스를 직거래로 건네줄 때는 프랑스 자수를 배워 보겠다는 분을 만났고, 스마트 워치를 거래할 때는 둘레 길을 다니시는 아버지를 위해 구매한다는 젊은 아들을 만났다. 택배로 물건을 보내기도 하지만, 직거래로 중고 거래를 할 때는 내 물건을 직접 써 줄 사람을 만나는 재미가 있다. 또 처음 가 보는 동네 구석구석을 직거래 약속 장소로 누볐다.

생

활

간소한 화장

아이브로우, 아이라이너, 파우더 팩트, 립스틱으로만 화장을 한다. 스킨, 로션, 클렌징 폼, 파운데이션 등을 사용하지 않는 '우츠기식 피부관리'를 하고 있다. 우츠기 박사의 『화장품이 피부를 망친다』 책에 나오는 방식으로, 크림 형태의 화장품을 모두 끊고 화장을 한다. 대신 파우더 팩트와 색조화장은 가능하다. 평소 화장을 할 때는 맨 얼굴에 자외선 차단 기능이 있는 파우더 팩트를 바른다. 눈썹과 아이라인을 그리고, 립스틱을 바른다. 세수할 때는 합성계면활성제가 안 들어간 '순비누'나 클렌징 솝을 사용한다.

파운데이션 화장으로는 윤기 있는 피부 표현이 가능하지만, 파우더 팩트로 화장하면 피부가 숨 쉬는 기분이 든다. 여행 갈 때도 간편하고 가볍다. 건강한 음식을 먹고 클렌징을 잘하면 내 건강과 피부에 좋다.[8]

---

8 2022년 지금은 다른 사람들 앞에서 강의할 일이 많아, 깔끔한 피부 표현이 가능한 파운데이션 화장을 다시 하게 되었다.

손빨래

일주일에 두 번 정도 손빨래를 하고 있다. '소량의 의류'를 '아무 시간에나' 빨 수 있다는 게 장점이다. 가족의 세탁 주기에 맞추지 않고 내가 원하는 때 내 옷을 책임질 수 있다. 미니멀 라이프의 모습은 한 가지의 조건으로 규정되지 않는다. 일회용품을 사용하는 미니멀리스트도 있고, 무조건 올 인원 비누로 머리부터 발끝까지 씻는 미니멀리스트도 있다. 나도 소량의 의류를 손빨래하기도 하지만, 때로는 세탁기를 이용해 힘을 아낀다. 자신의 상황에 맞는 방식으로 현재에 충실히 집중하고, 시간과 여유를 얻어 원하는 방식으로 살 수 있는 것이 미니멀 라이프다.

친환경 세제

때로 손빨래 대신 세탁기를 돌린다. 세제 또한 합성 세제 대신 친환경 세제에 관심이 간다. 대표적인 친환경 세제로는 EM 발효액, 과탄산소다, 베이킹소다, 구연산이 있다. 베이킹소다는 세제, 구연산은 섬유유연제 역할이다. 과탄산소다는 베이킹소다보다 세정력이 강해, 흰옷 빨래나 세탁조 청소에 사용할 수 있다. 최근에는 세탁볼을 들였다. 싼 가격은 아니지만 5년 정도 쓰면 일반 세제를 사는 것보다 저렴하다고 한다.

또 '소프넛'이라는 천연 열매도 비누 역할을 한다. 소프넛 열매 6~8알을 작은 소창 주머니에 넣어 묶는다. 이 주머니를 세탁기에 빨랫감과 함께 넣고 돌리면, 깔끔하게 빨래가 된다. 요즘은 세탁볼 하나와 소프넛 열매 주머니로 빨래를 돌리고 있다. 피부 건강에도 좋고, 환경에도 좋다고 하니 이 야말로 나와 지구를 위한 물건인 것 같다.

샴푸 바

샴푸와 린스 대신 샴푸 바Shampoo bar와 린스 바Rinse bar를 사용한다. 샴푸 바는 비누 형태의 샴푸인데, 합성 계면 활성제가 들어가지 않아 두피에도 환경에도 좋다. 처음에는 아름다운가게의 어성초 비누, 강청의 EM 비누 등을 샴푸 바 대용으로 사용했다. 지금은 동구밭이나 톤28 샴푸 바를 사용한다.

처음엔 비누로 머리를 감는다는 것이 어색할 수도 있다. 하지만 샴푸 바를 사용하다 보면 두피가 덜 가렵고, 머리카락도 덜 빠진다. 또 비누에 최소한의 포장을 해서 팔기 때문에 기존의 샴푸, 린스의 플라스틱 용기가 소비되지 않는다. 미니멀 라이프에 관심을 가지며 자연스레 덜 소비하는 삶, 몸과 마음의 간결함, 제로 웨이스트에 관심이 생긴다. 나를 위한 선택이 더 나은 세상을 만드는 데 도움이 된다는 뿌듯함이 친환경 실천의 원동력이 되기도 한다.

이불 개기

아침에 일어나면 이불을 갠다. 종종 창밖으로 이불을 턴다. 흐트러진 이불을 개고 있으면 삶이 단정해지는 기분이 든다. 이불 생활을 해 보고 싶어 낡은 침대를 버렸다. 몇 달간 이불 생활을 하다가 허리가 아파 접이식 매트리스를 들였다. 비우고, 채우면서 나에게 맞는 방식을 찾아 나간다.

빈 벽 만들기

   미니멀 라이프의 로망 중 하나는 아무것도 없는 빈 벽이 아닐까? 우리 집에서는 빈 벽을 몇 군데 찾아보기 어려웠는데, 드디어 거실의 한구석이 비었다. TV장을 비운 것이다. 완벽히 비우기보다는 치워 놓은 상태지만 말이다. 처분할지 중고 판매를 할지 심판대 위에 올라 있다. 그래도 거실 장이 없으니 거실이 더 넓어 보인다. TV 선과 콘센트를 숨겨 주던 TV장이 없어지자, 잭과 콩나무 동화의 콩나무처럼 TV 선이 튀어나와 있다. 한동안은 거실 장을 다시 들여놓아야 한다며 가족의 성화가 있었는데, 몇 주 지나고는 없으니 깔끔해 보인다는 말을 들었다. 당연하게 그 자리에 있는 물건 중 모든 물건이 꼭 필요한 건 아닐지도 모른다.

전자책 읽기

미니멀 라이프를 실천하면서 가장 바뀐 부분은 '책 읽기'다. 수능이 끝난 스무 살, 용돈 10만 원에 돈을 보태 책 33권을 구매했다. 이지성 작가님의 『독서천재가 된 홍대리』에 나오는 100일간 33권을 읽는 프로젝트를 하고 싶어서였다. 2015년도에는 1년 100권 프로젝트로 책 100권을 읽었다.

2017년, 미니멀 라이프를 실천하면서 가지고 있던 책을 전부 처분했다. 알라딘 중고서점에 판매하거나, 도서관과 굿윌스토어에 기증했다. 지금은 전자책을 사거나 빌려서 읽고 있다. 전자책의 장점은 '텍스트에 집중할 수 있다'는 점이다. 아날로그로 읽을 때보다 더 집중하는 게, 페이지가 얼마 남았는지 체감하지 못하기 때문이 아닐까 싶다.

『다산선생 지식경영법』(정민, 2006)에서는 이런 말이 나온다.

> 공부는 내 삶을 가치 있게 향상하기 위해서 하는 것이다. 공부 그 자체가 목적은 아니다. 사람들은 흔히 목적과 수단을 착각한다. 논문을 써서 학위를 받는 것은 목적이 될 수 없다. 교수가 되는 것도 목적은 아니다. 떼돈을 벌어 출세하는 것도 목적은 아니다. 이런 것들은 내가 원하는 삶의 모습에 좀 더 가까이 다가서기 위한 수단일 뿐이다. 또는 과정 끝에 주어지는 결과일 뿐이다.

'공부'란 것의 목적과 수단을 헷갈리지 말라고, 공부란 가치 있는 삶을 가능케끔 해주는 것이라고 말한다. 즉, 인간을 인간답게 해주는 것이 공부 아닐까?

한편 이를 '미니멀 라이프'에 적용해보고 싶다.

 미니멀 라이프는 내 삶을 가치 있게 향상하기 위해서 하는 것이지, 그 자체가 목적은 아니다. 사람들은 흔히 목적과 수단을 착각한다. 정리정돈을 잘해서 칭찬을 받는 것은 목적이 될 수 없다. 정리 컨설턴트가 되는 것도 목적은 아니다. 모든 것을 비워 빈 방을 갖는 것도 목적은 아니다. 이런 것들은 내가 원하는 삶의 모습에 좀 더 가까이 다가서기 위한 수단일 뿐이다. 또는 과정 끝에 주어지는 결과일 뿐이다.

미니멀 라이프 카페에서 '미니멀 라이프의 목적과 수단을 헷갈리지 말라'고 말하던 한 회원분의 글은 인상적이었다. 나에게 당장의 목적은 깨끗한 방이었다. 그런데 미니멀리스트 고수는 '미니멀 라이프 자체는 수단'이라고 말했다. 물론 초기에는 물건을 모두 비우는 것이 당장의 목표로 생각될 수 있다. 그리고 그러한 것이 더 나은 삶을 이끌어 주기는 한다.

다만 미니멀 라이프는 삶을 살아가는 생활 방식일 뿐이지, 그 자체가 목적이 될 수는 없다. 미니멀 라이프를 지향하며 비운 나의 공간에서 단정한 정신으로 삶을 가치 있게 향상하고, 현재에 집중하는 태도를 가지면 어떨까? 이로써 자신의 꿈을 이룰 시간과 에너지를 얻을 수 있다면 더없이 바람직할 것이다.

걸어 다니기

 나는 이동할 때 주로 대중교통을 이용하거나 걷는다. 오늘 은행 가는 길에 버스를 타고 오는 길은 걸어왔다. 엄마께서는 내가 걸은 거리를 들으면 항상 이런 말씀을 하신다.

 "내가 어릴 적에는 10리, 4km 정도는 걸어 다녔어."

 4km는 걸어서 4~50분 정도의 거리다. 지금은 일상에서 50분 정도의 거리를 걷는 것은 상상이 안 된다. 그렇지만 2~30분 정도 걸리는 거리를 걸어 다니는 것은 환경에도, 건강에도 좋다. 지구를 위한 선택은 그 지구 위에 사는 나에게 돌아온다. 우리가 사는 곳이 건강해야 그 속에 사는 우리도 건강할 수 있지 않을까?

| 가방 리폼

 에코백을 집에 있는 원단으로 리폼했다. 내 손으로 물건을 가치 있게 만든다고 생각하니 기분이 좋다. 얼마 전에 다녀온 진로박람회에서 받은 에코백은 기업 이름이 적혀 있어 멋스럽지 않은데 튼튼한 재질이 마음에 들었다. 집에 있던 더는 입지 않는 스트라이프 원피스를 잘라 덧대었다. 여름에 들고 다니기 좋은 가방이 완성되었다.

 물건이 귀한 시대에는 옷을 고쳐서도 입고, 물려 입었다. 요즘은 쉽게 사고 쉽게 버린다. 물론 손재주가 있어야 리폼도 하고 결과물이 항상 멋스럽게 완성되라는 법은 없지만, 무엇인가를 아껴 다시 써 보겠다는 마음은 기특하다.

채

식

바나나칩

  아침, 점심, 저녁 3끼만 먹고 살면 얼마나 좋을까? 주말이나 평일인데 휴일이면 늦잠을 잔다. 그러다 보면 아침은 거르고 하루 두 끼만 먹고 밤이 되면 배고파져, 간식의 중요성을 깨닫는다. 채식을 실천하니, 생각 없이 먹던 과자에도 소고기, 돼지고기 함유가 된 것을 발견한다. 한번 건강한 간식을 만들어보고자 시도해 본다. 집에 있는 오븐으로 고구마와 바나나칩을 만들기로 했다. 고구마와 바나나를 얇게 잘라 오븐에 30분 정도 굽는다. 와플에 들어가는 듯한 따뜻하고 촉촉한 식감의 바나나와 고구마 간식이 완성되었다. 조리하지 않고 먹는 게 건강에 가장 좋겠지만, 다양한 방식으로 요리하는 것도 하나의 즐거움이다.

아몬드밀크

완전 채식인 비건을 하고자 한다면, 우유를 대신하여 아몬드밀크나 코코넛워터, 두유를 마실 수 있다. 그중 아몬드밀크를 만들어 보았다. 주의할 것은 흔히 마트에서 볼 수 있는 볶음 아몬드가 아니라, 생아몬드를 사야 한다.

만드는 방법은 다음과 같다. 우선, 생아몬드를 8~12시간 물에 불린다. 그 후, 불린 아몬드에 물을 1:1.5나 1:2 정도로 부어주고, 믹서로 간다. 달게 먹으려면 대추 야자 열매 2개나 아가베 시럽을 추가해도 좋다고 한다. 갈고 나서 보통은 짤 주머니나 면포로 짜는데, 면포가 없어서 체에 거르고 꾹꾹 눌러 아몬드 밀크를 짰다. 완성한 아몬드밀크는 고소함이 조금 더해진 물맛이었다. 생소한 맛이지만 처음 시도한 식습관의 변화에 설렜다.

그린 스무디

오늘은 그린 스무디를 만들었다. 그린 스무디는 케일, 시금치, 청경채, 로메인 등 쌈 채소에 액체류와 과일을 넣어 만드는 건강 음료이다. 아몬드밀크에 케일 3장, 사과 반쪽을 넣고 갈았다. 케일의 쌉싸름함과 아몬드밀크의 고소함, 사과의 달콤함이 느껴지는 스무디였다.

두 번째로 만들 때는 사과 1/4개, 바나나 1개, 케일 1장과 꿀을 넣었다. 각각의 재료를 썩둑썩둑 썰고 믹서로 갈았다. 과일 맛이 강한 스무디가 완성되었다. 아침에 간단히 만들어 식사 대용으로도 좋을 듯하다.

에너지바

조깅할 때 에너지바를 자주 먹는다. 주로 사 먹다가 한번 만들어 보자는 마음이 생겼다.

재료: 뮤즐리(300g), 설탕, 올리고당, 물, 견과류(호두, 아몬드, 땅콩)

뮤즐리란 통귀리와 기타 곡류, 생과일이나 건조과일, 견과류를 혼합해 만든 시리얼이다. 평소에는 우유나 두유에 타 먹지만, 이번에는 이 시리얼을 뭉쳐 에너지바를 만들어 본다. 물, 설탕, 올리고당을 넣고 끓이다가 뮤즐리랑 각종 견과류를 넣고 저어 주었다. 접시에 넣어 식히고 칼로 자른다. 한 입 먹어 보니, 사 먹는 맛보다 풍부하다. 직접 만들어서 양도 많다.

채식 식당

아보카도와 코코넛이 주재료인 연남동의 한 채식 식당에 갔다. 아보카도 계란밥과 아보카도 헬씨 보울을 시켰다. 퀴노아, 병아리콩을 처음 먹어 봤다. 코코넛 라테도 정말 맛있다. 내 생애 첫 채식 식당이었고 함께 간 친구들에게 채식을 시작했다고 처음으로 알렸다. 홍대, 이태원, 망원동 등 서울의 핫플레이스에는 채식 식당이 참 많다. 채식에 대한 관심이 늘면서 채식 식당의 수도 늘고 있어 기쁘다.

채식 모임

　한 채식 모임에 참여했다. 모임 장소는 회기역 근처 비건 막국수 가게. 이곳은 육수가 아닌 채수를 사용한다. 우리나라의 많은 국물 요리는 멸치 육수나 고기를 삶은 육수를 기본으로 한다. 채수는 반면에 채소로 낸 국물이다. 깔끔하고 담백한 맛이다. 덕분에 만족스러운 식사를 했다.

　건강, 동물권, 환경 보호, 윤리적 이유 등 채식을 실천하는 이유는 다양하다. 모임원들도 채식을 실천하기 시작한 시기나 이유가 다 달랐다. 나는 처음은 건강이 이유였고, 그 후 동물로 인해 채식을 유지하고 싶다는 마음이 들었다. 한편 미니멀 라이프도 채식과 연관이 있을까? 채식이 육식보다 환경에 미치는 영향이 적고, 소모되는 것이 적으니 전 지구적인 측면에서는 채식이 미니멀 라이프와 더 부합한다고 볼 수도 있다. 혹은 간소하게 먹고 몸을 비우는 것에서 비슷한 점을 찾을 수도 있다.

"채식을 하며 살다 보면 고기를 먹는 날이 있을 수도 있어요. 그렇지만, 다시 돌아오면 돼요.

반드시 채식을 해야 한다는 생각보다 중요한 건 채식을 지향하겠다는 마음이에요."

모임이 끝나고 헤어지기 전 모임장님이 해주신 말씀. 방향성을 마음속에 가지고 있으면 된다. '반드시'라는 건 없다. 한 번의 고기, 열 번의 채소도 괜찮다. 시작이 반이니까.

유기농 채소 사기

DDP에 방문했다가, 우연히 〈얼굴 있는 농부장터: 얼장〉을 만났다. "나, 친환경 하는데…"라는 깃발이 펄럭였다. 농부에게서 직접 유기농 채소와 음식을 살 수 있는 장터였다. 쌀 아이스크림, 궁중 떡볶이, 유기농 미숫가루, 쌈 채소 등 여러 부스가 있었다. 새싹 채소를 농부장터에서 직거래로 사니 마트에서 사는 것보다 저렴했다. 소비자와 농부가 직접 만날 수 있는 장터가 늘었으면 한다.

"You are what you eat. (너는 네가 먹는 것이다)"라는 유명한 말이 있다. 프랑스의 정치가이자 미식가인 브리야 사바랭이 그의 책 『미식 예찬』에서 처음 한 말이다. 책에는 "Tell me what you eat and I will tell you what you are. (당신이 먹는 것을 말해달라. 그러면 당신이 어떤 사람인지 말해주겠다)"라는 구절이 나온다. 이 말은 1942년에 영양학자 빅터 린들라의 책 『You are what you eat』으로 대중적 인식을 얻는다.

그는 '인간에게 알려진 90%의 질병은 값싼 음식들로부터 유발된다. 당신이 먹는 것이 당신이다.'라고 주장한다. 물론 먹는 것으로만 사람을 규정할 수 없지만, 사람의 컨디션을 먹는 것이 많이 좌우하는 건 부인할 수 없는 사실이다. 건강하게 잘 먹을 때 몸의 에너지가 좋다. 알맞은 만큼 잘 챙겨 먹는 건 어렵지만 충분히 가치 있는 일이다.

환

경

폐 약 버리기

약에도 사용 기한이 있다. 기한이 지난 약은 약효도 떨어지고, 몸에 좋지 않은 영향을 미칠 수 있다. 폐 약을 버리는 올바른 방법은 약국이나 가까운 보건소에 가져가는 것이다. 쓰레기통에 버리면 환경 호르몬을 유발하기 때문이다. 약국에 가져갈 때는 알약은 포장지를 벗겨 알약끼리, 물약은 물약끼리 모으고, 가루약은 그대로 들고 간다. 약국마다 수거하지 않는 곳도 있다고 하니, 약사에게 정중하게 물어보는 게 먼저다.

약은 아플 때 꼭 필요하다. 그렇지만 약을 다 먹기 위해 아프고 싶진 않다. 마치 우산을 들고 나갔지만, 비가 오는 것보다는 안 오는 게 좋은 것과 같다. 그렇기에 필요해서 구매한 약이 유통기한이 지난 것은 "그래, 어쩔 수 없지." 하고 받아들이게 된다. 그래서 6개월에서 1년에 한 번 집에 있는 약을 점검해 약국에 들고 간다.

To. 떠나는 약

한때 아픔을 달래 준 약, 나에게 도움이 되어 주어 고마워. 다음에도 꼭 필요한 약만 살게. 그리고 안 아플게. 우리 다시는 보지 말자. 그렇지만 아프다면 내게 또 와 줘….

제로 웨이스트 샵 가기

 성수동 〈더 피커〉는 제로 웨이스트 라이프스타일을 추구하는 가게이다. 다양한 곡류와 채소, 제로 웨이스트 도구를 팔고, 카페에서는 맛있고 건강한 음료와 음식을 먹을 수 있다. 과일이나 곡류를 살 때는 저울에 직접 가져온 용기의 무게를 재고 영점으로 둔 다음에 내가 살 상품의 무게를 잰다.

 이곳에서 산 야자 나뭇잎 접시는 생분해되어 일반 쓰레기로 버리거나 땅에 묻으면 저절로 자연으로 돌아간다. 여러 번 쓸 수 있는 제품이어서 며칠간 식사를 이 접시에 담아 먹었다. 야자 나뭇잎 접시를 처음 고안한 사람도 일회용 식기의 대용품을 많이 고민했을 것이다. 지구 어딘가에 이처럼 환경 문제를 해결하고자 고민하고 또 고민하는 사람들이 있다고 생각하니 그저 고마운 마음뿐이다.

서울환경영화제

서울극장에서 하는 '제15회 서울환경영화제(2018)'에서 〈플라스틱 바다〉 영화를 감상했다. 전 CNN 아나운서인 크레이그 리슨이 감독이고 직접 출연하는 다큐멘터리인데, 진지한 환경 문제를 유쾌하게 풀었다. 그는 음식점을 돌면서 주인에게 '플라스틱이 아닌 용기에 포장할 수 있냐'고 묻는다. 종이에 포장해 주는 곳도 있고, 대체 용기가 없는 가게도 있다. 어떤 곳은 음료와 음식 모두 플라스틱에 포장해 주어서 크레이그 리슨이 다른 대안은 없냐고 물으니 모두 생분해되는 플라스틱이라는 주인의 답이 돌아왔다. 이 말에 크레이그 리슨은 "이 지역에서 유일하게 대안을 가지고 있는 가게다."라고 말한다.

"플라스틱의 유해한 환경 호르몬인 BPA가 문제가 되면서 BPA Free 제품들이 많이 나왔잖아요."

아이 엄마가 되며 더 환경문제에 예민해진 한 다이버가 텍사스 대학교 신경 생물학 박사에게 질문한다.

"BPA free라고 적혀 있으면 안심해도 되나요?"

"BPA를 제외하고도 환경 호르몬을 유발하는 다른 화학 성분은 여전히 남아있어요. BPA는 악당 중 하나일 뿐입니다. 마치 보스를 죽이고 악당들을 다 처치했다고 생각하는 것과 마찬가지에요."

특히 바다 생물들이 해파리인 줄 알고 바다 안에 버려진 비닐 쓰레기를 자꾸 먹는 것과 새들의 시체 속에서 수많은 플라스틱 쓰레기가 나오는 장면은 충격적이었다. 우리가 무심결에 한 행동으로 다른 존재가 직접적으로 피해 보는 걸 마주하자, 마음이 아팠다. 내가 하는 사소한 행동에도 책임감을 가져야 하겠다고 생각했다.

청바지 오래 입기

EBS 다큐멘터리 〈하나뿐인 지구〉 시리즈에서 '우리가 청바지를 입는다는 것은'이라는 영상을 봤다. 청바지는 흰색의 씨실, 청색의 날실로 만들어져서 헤지면 점점 자기만의 청바지가 완성된다고 한다. 오래 입으면 청바지에 자연스러운 헤짐이 생긴다. 오래 사용할수록 멋이 더해지는 옷과 물건을 간직하고 싶은 마음이다.

어느 옷 가게를 가든 다양한 디자인의 청바지를 볼 수 있다. 그중 유독 값이 싼 청바지는 혹시 저임금 노동자들의 노동으로 만들어진 건 아닌가 하는 생각이 든다. 공정한 노동 거래가 이루어졌는지 확인할 수 있는 인증 마크가 있다. 공정무역 마크를 확인하면, 윤리적이고 친환경적인 소비를 할 수 있다.

공원 쓰레기 줍기

 집에서 책을 읽다가 집 앞 공원으로 광합성을 하러 갔다. 핸드폰을 안 들고 나갔더니 손이 심심해 주변을 둘러보다가 길바닥에 버려져 있는 쓰레기가 보였다. 담배꽁초 서너 개와 비닐 여러 개를 주웠다. 초등학생 때 반 친구들과 쓰레기 줍던 것이 기억난다. 환경 의식이 높은 어린이였다. 『최열 아저씨의 지구촌 환경 이야기』와 같은 책을 읽고 하굣길에 신발주머니에 쓰레기를 가득 줍기도 했다.

 쓰레기를 줍고 있으니, 동심으로 돌아간 기분이다. 한 가지 주의할 점이 있다. 담배꽁초는 반드시 바깥에 있는 쓰레기통에 버릴 것. 집 안에 들고 오면 냄새가 심하게 밴다.

어스 아워

어스 아워Earth Hour, 지구의 시간. 말 그대로 지구의 건강을 위해 전등을 잠시 끄는 것이다. 매년 3월 마지막 토요일 저녁애 시행되는 글로벌 기후변화 대응 캠페인이다. 〈노 임팩트 맨(No Impact Man, 2009)〉은 한 가족이 1년 동안 환경에 해를 끼치지 않는 생활방식을 실험하는 프로젝트를 담은 영화다. 주인공 콜린 베버네 집에서 6개월 차에 두꺼비집을 내린다. 전기를 아예 사용하지 않고 양초로 대신한다. 나도 이를 실험하고 싶어, 저녁 8시부터 불을 모두 끄고 나만의 어스 아워를 가졌다.

일단 향초를 켰다. 어스무룩할 때라 분위기가 꽤 좋게 느껴졌다. 저녁이 되면 으레 전등을 켠다. 전등을 안 켜니 고요하고 자연스럽다. 손빨래를 했다. 양초 하나를 세면대 선반에 놓으니 의식을 치르는 기분이다.

파울로 코엘료 소설 『브리다』가 떠오른다. 마법을 배우러 숲속의 마법사를 찾아가는 스무 살 브리다의 이야기에서 풍기는 듯한 신비한 분위기가 방에 스며든다. 종이책을 펼치고, 양초를 켜니 마음이 차분하다. 책을 읽다가 이른 시간에 잠자리에 들었다. 평소라면 꿈도 못 꿀 시간에 누우니 마음이 홀가분하다.

친환경 피크닉

친구들과 반포 한강공원으로 나들이를 갔다. 미리 도시락 용기와 젓가락, 돗자리를 챙겼다. 친구들과 만나 김밥집에 가서 미리 가져간 용기에 김밥을 담았다. 우리가 먹을 음식의 양을 전부 알기는 어려워 떡볶이와 아이스크림은 일회용기에 받았다. 그래도 시작이 반이다.

비닐 없이 장 보기

꼭 외국의 제로 웨이스트 마켓에서만 포장 없이 음식과 물건을 살 수 있는 것은 아니다. 그냥 '비닐 없이 달라'고 말하면 그만이다. 주말농장 오리엔테이션을 다녀오는 길에 오렌지와 간식을 사서 장바구니에 쏙 넣었다. 시장에 가면 포장이 안 된 과일을 살 수 있다. 요즘에는 '프로듀스백'이라고 과일, 채소 등을 담을 수 있는 면 주머니를 팔기도 한다.

물론 과일이 아니라 고기, 해산물을 사는 경우에 비닐 없이 장 보는 것은 어려울 수 있다. 한번은 조개를 밀폐 용기에 담아 달라고 했다가 물이 샌다며 거절당했고, 두부는 가져간 용기가 작아 담지 못했다. 그러니, 용기를 가져간다고 하더라도 살 양을 담아낼 수 있을 크기의 용기여야 한다. 이 용기에 담을 수 있냐고 정중하게 묻는 것이 첫걸음이다.

미니멀 웨이스트

 주말인데 팀 프로젝트가 있던 토요일, 학교에 올라가는 길에 전부터 먹어보고 싶었던 핫도그를 팀원 수대로 다섯 개 사며 말했다.

 "비닐봉지에는 안 넣어 주셔도 돼요."

 항상 지구의 아픔, 소외된 이웃 혹은 인권 문제 등 알게 되면 마음이 아픈 문제를 외면하려고 했다. 알게 된 후의 슬픔을 감당하고 싶지 않았다. 그렇지만 슬픔을 이겨 내고 적극적으로 올바른 사회를 향해 나아가는 것은 내게 단단함을 줄 것이다. 오늘은 비록 비닐 하나 줄인 것, 배달 음식으로 발생한 쓰레기 열심히 분리수거한 것밖에 없지만 최선을 다해 실천의 범위를 늘려가야 하겠다.

연

대

농부시장 마르쉐

'마르쉐Marcheat'는 〈대화하는 농부시장〉을 콘셉트로 농부팀, 농부의 재료로 요리하는 요리사팀, 건강한 재료로 만드는 수공예팀이 협업하는 시장이다. 불어로 '시장'이라는 뜻을 가진 마르쉐는 성수와 혜화에서 장이 번갈아 가며 열린다.[9] 성수 장이 열리는 서울숲 언더스탠드 에비뉴에 도착하니 간판과 마르쉐 규칙이 적힌 보드가 보인다. 종이 가방을 5개 이상 가져오면 엽서를 주고, 돗자리를 대여해 주는 등 운영 주체 '마르쉐 친구들'이 준비한 혜택이 있다. 이외에 개인 식기, 장바구니, 텀블러를 들고 오면 할인이나 덤을 받을 수도 있다.

'위드 마이'의 비건 치약과 스위트 바질 화분을 샀다. 비트와 찹쌀 쿠키도 구매했다. 올리브 오일, 식초 등 식재료도 있고, 유기농 초콜릿, 호밀빵, 통밀빵도 있다.

---

9 2022년 9월 기준으로 성수, 서교, 인사동 등 다양한 장소에서 열린다. 인스타그램 @marchefriends에서 확인 가능.

잘 건지면 좋은 게 많다. 뿌리 온 더 플레이트나 더피커 등 레스토랑과 카페도 출점해 요리를 맛볼 수 있다.

이곳에서는 주인 분들과 대화하며 궁금한 점을 직접 물어볼 수 있어서 좋다. 또 제로 웨이스트가 기본이라 가져간 용기나 천 가방에 담아 가겠다고 말하는 게 편하다. 삶은 자기가 옳다고 믿는 방향으로 살아가야 한다. 이곳에서는 내가 믿는 방향으로 함께 걷는 사람들이 많이 보였다.

서울 새활용 플라자 방문

　서울 새활용[10] 플라자는 2017년 9월 개관해 새활용에 대한 모든 것을 보고 배울 수 있는 세계 최대 규모의 새활용 복합 문화 공간이다. 입구로 들어가자, 버려지는 우유 팩을 재활용해서 카드지갑을 만드는 브랜드 〈Milky Project〉의 제품이 한 벽을 화려하게 장식하고 있었다.

　1층에는 새활용 관련 입주 기업 작가전을 볼 수 있었다. 호텔 리넨을 업사이클해 반려견 샤워 가운으로, 커피 자루로 숨 쉬는 커피 화분을 만드는 '하이사이클', 유리병을 재활용해 다양한 예술작품을 만드는 '글라스본', 쓰임이 끝난 성화대로 무드 램프를 만드는 '터치포굿', 버려지는 청바지를 활용해 가방과 파우치를 만드는 '젠니클로젯', 폐휴대폰 건전지로 보조배터리를 만드는 '인라이튼' 등 다양한 새활용 기업의 제품이 전시되어 있다.

10 　버려지는 자원에 디자인을 더하거나 활용방법을 바꿔 새로운 가치를 만들어내는 업사이클링(Upcycling)의 우리말

환경 문제를 인식하고 멋진 아이디어로 풀어낸 기업이 참 많다. 2층에는 소재 라이브러리와 에코파티 메아리 매장, 친환경 산업체험 학습센터가 있다. 초등학생들이 단체로 와서 체험하는 이 센터 내부에는 드럼통으로 만든 의자, 자전거 바퀴로 만든 조명, 책으로 만드는 시계 등 빛나는 아이디어로 꾸며져 있었다. EM 발효액도 담을 용기를 들고 온 분들께 무료로 제공한다. 새로 생긴 센터를 구경하며, 새활용이란 참 멋진 거구나, 하고 느꼈다.

환경단체 기부하기

블로그 포스팅을 하면 100원의 네이버 콩, 해피빈을 받는다. 이 해피빈으로 지구촌, 여성, 시민사회, 동물, 환경 등 다양한 단체의 모금함에 기부할 수 있다.

"오른손이 하는 일을 왼 손이 모르게 하라."

요즘에는 틀린 말인 것 같다. 누군가의 기부 소식이 나비효과처럼 다른 사람들의 행동 변화를 촉구하니 말이다. 그런 의미에서 공개하는 나의 기부 내역.

1: 녹색연합, 차별 없는 자연의 선물, 아이들에게 전하다

취약 계층 어린이들의 자연학교 참가비와 도시 생태 프로그램 운영비를 위한 모금함에 기부

2: 환경실천연합회, 회색도시 NO! 맑은 하늘, 푸른 세상을 위해

기업들의 나무 심는 캠페인, EM 흙공으로 수질 오염을 막는 캠페인을 진행하는 단체에 기부

3: 대전충남 녹색연합, 과도한 일회용품 사용, 지구는 일회용이 아니에요

일회용품 사용 줄이기와 텀블러, 머그컵 사용 캠페인, 환경 영화 〈플라스틱 차이나〉 상영회를 하는 모금함에 기부

사막화 방지의 날 봉사

UN이 지구의 지속 가능한 발전을 위해 체결한 협약이 있다고 하는데, 이 3개 중에 무엇일까?

1. 기후변화 협약   2. 사막화 방지 협약   3. 생물종 다양성 협약

정답은 3개 전부이다 사막화 방지 협약에 따른 사막화 방지의 날을 맞이하여 자원봉사를 했다. 개인적 실천을 넘어 연대하는 것을 목표로 두었기 때문이다. '푸른 아시아'라는 NGO가 산림부와 함께 주관한 행사였다. 이 단체는 몽골에서 사막화 방지로 나무를 심으며 지역 주민들의 경제 활성화, 환경 난민들의 자립을 돕는다. 사막화로 사람이 못 살게 된 지역에 나무를 심으며 다시 마을이 조성된다. 꼭 책『나무를 심은 사람』에 나오는 이야기 같다.

이날 플래시몹, 화분 만들기 등 다양한 캠페인이 진행되었다. 개개인의 의식 각성과 정부나 기업에 탄소 배출 절감의 필요성을 인식시키는 것이 행사의 목표라고 했다. 기업의 무방비한 탄소 배출은 사막화, 미세먼지, 황사 등 다양한 환경 문제를 일으킨다. 그럴수록 시민 사회의 역할이 필요하다. 또한, 개인이 생활 속에서 배출하는 탄소의 양을 '탄소 발자국'이라고 부른다. 내가 여태껏 해 온 환경 보호가 탄소 발자국을 줄이기 위한 것이었나 보다.

환경 보호가 단순히 제로 웨이스트를 실천하는 것뿐 아니라 광범위한 환경 문제를 다루는 일도 있다는 걸 알게 되어 뜻깊다. 영화 〈노 임팩트 맨〉에서 1년 동안 다양한 환경 실천을 한 주인공이 마지막으로 이런 말을 한다. 이 말이 나를 움직인 원동력이었다.

"내가 실천한 행위들 중 딱 한 가지를 고르라면 환경 관련 시민 단체에서 자원봉사를 하는 것이다."

개인이 뭉친 연대의 힘은 세상을 바꿀 수 있다.

제로 웨이스트 토크 콘서트

〈No Plastic, So Fantastic!〉이라는 주제의 제로 웨이스트 토크 콘서트에 참여했다. 텀블러, 손수건 등 친환경 제품을 만드는 패션&라이프스타일 사회적 기업 '지후앤'의 대표님께 메일로 초대를 받았다. 제로 웨이스트에 관한 내 블로그 글을 보고 관심이 있을 것 같았다고 한다. 덕분에 이대역 근처 한국로하스협회로 토크 콘서트를 들으러 갔다. 로하스LOHAS, Lifestyle of Health and Sustainability는 건강과 지속가능성을 고려하는 삶의 방식이다. 토크 콘서트의 다과는 여느 행사와는 다른 모습이었다. 과일이 담긴 유리그릇과 포크, 머그컵이 있었다.

1부 강연에서는 자원순환사회경제연구소 홍수열 소장님께서 플라스틱의 역사와 문제점을 다루셨다. "일회용 컵에 든 커피를 들고 걸어가는 커리어우먼이 멋있는 이미지로 인식되는 사회가 되었다. 텀블러를 들고 카페를 이용하는 것이 멋있게 여겨지도록 인식을 바꿔야 한다."라는 말씀이 인상적이었다. 2부에선 패널과 함께 대한민국의 플라스틱 문제를 이야기했다. 2~30대 위주로 감각적으로 제로 웨이스트를 마케팅하면, 일반 대중들이 변화할 수 있다는 점이 하나의 방안으로 언급되었다.

매거진 쓸SSSSL 배민지 편집장님 이야기도 들었다. '쓸'은 제로 웨이스트 라이프 스타일을 담은 잡지다. '포장하지 않는 일상', '쓰레기를 줄이고자 하는 전 세계의 움직임' 등의 기사가 담겨 있다. 쓸 매거진에서 〈껍데기는 가라: 알맹 마켓〉이라는 프로젝트를 한다. 망원시장에서 채소를 담을 수 있는 속주머니와 장바구니를 대여해 주는 실험 사업이다. 플라스틱 없이 알맹이만 담아가는 것이다. 내가 시장에서 개인으로써 천 주머니로 제로 웨이스트를 실천할 때, '나 혼자 하면 무슨 소용일까?' 하는 고민이 들었는데, 시장 차원에서 천 주머니를 대여해 주면 제로 웨이스트 라이프스타일이 확산하지 않을까 생각한다.

"생산, 유통의 변화 없이 소비자 의식의 변화만 촉구해서는 안 된다."

"장바구니를 사용해도, 장바구니 안은 다 일회용품."

이와 같은 환경 관련 문제를 들을 수 있었다. 우리나라에 쓰레기 문제가 발생하는 것은 국내에 매립지가 없다는 큰 문제점이 있기 때문이다. 우리나라의 플라스틱 분리수거율은 59%로 독일에 이어 세계 2위 수준이다. 그러나 이 중 재활용률은 약 23%에 불과하다. 나머지는 다 매립지로 가서 결국 쓰레기가 되는 셈이다. 그렇기에 가장 많이 소비되는 일회용 컵과 일회용 비닐을 줄이는 게 먼저다. 쓰레기와 관련한 문제를 많이 배운 시간이었다.

플라스틱 프리 페스티벌

 맥주 관련 음악 축제에 다녀왔다. 제로 웨이스트를 실천해 보려고 식기와 밀폐 용기, 텀블러를 들고 갔다. 그렇지만 결국 플라스틱 맥주 컵과 종이 용기를 쓰게 되었다. 개인적인 도전은 실패했지만, 플라스틱 프리 축제를 꿈꿔본다. 텀블러에 맥주를 담고, 도시락 용기에 음식을 담거나 주최 측에서 다회용 용기, 컵을 대여해 주고 보증금을 거는 방식도 있겠다. 실제로 마르쉐나 비건 페스티벌에서는 다회용 접시와 컵을 사용한다. 독일의 한 크리스마스 마켓을 즐길 때 핫 와인을 사니 유리잔에 담아 주며, 컵값을 받았다. 그 유리컵을 반납하면 컵 보증금을 돌려주었다. 원하면 기념품으로 가질 수도 있다. 이런 방식으로 그들은 자연스레 제로 웨이스트를 실천하고 있었다.

 지식채널 e 〈다들, 즐길 준비 되었나요?〉 편에는 록밴드 '라디오헤드'의 환경 보호 이야기가 나온다. 이 밴드는 평소

환경 보호 캠페인을 홍보하며 기후 변화의 심각성을 이야기했다. 그런데 한 영국의 언론에서 "라디오헤드의 앨범과 공연에서 멤버와 팬들이 배출한 이산화탄소는 약 8천 톤에 이른다"라며 그들의 위선을 폭로하는 기사를 냈다. 밴드는 사람들의 비난을 받았다. 라디오헤드는 이후 3년간 〈라디오헤드 북미 공연에서 배출된 탄소량과 생태 발자국〉이라는 이름의 보고서 작성을 통해 순회공연을 하며 어마어마한 이산화탄소가 발생한다는 것을 발견했다. 주로 팬들이 공연에 오기 위해 비행기나 자동차로 이동하고, 음식과 일회용품을 소비하는 등이 그 원인이었다.

그들은 이후 완벽한 공연을 위해 특별한 요구사항을 한다. 우선, 공연을 오는 팬들이 쉽게 대중교통을 이용할 수 있도록 최대한 도심 내에서 할 것. 또 공연 장비 운송 방식 변경, 공연에 사용되는 에너지를 줄이기 위해 무대 디자인을 바꾸는 등의 노력을 했다. 2012년 한국 내한 공연에서도 독특한 요청을 한다.

〈1〉 일회용 물병 대신 텀블러를 사용해 달라

〈2〉 공연장에 재활용 분리 쓰레기통 사용

〈3〉 식기는 모두 재활용이 가능할 것

〈4〉 냅킨 대신 천, 세제도 친환경 세제로

 적극적인 행동으로 지구도 지키고, 공연도 즐기는 그들의 밴드 활동이 멋있다. 나도 많은 팬층을 확보해 "여러분! 일회용 컵 대신 텀블러요!"라고 말하면 팬들이 그에 호응하는 상상을 해 본다. 생각은 행동의 변화를 일으키고, 개인은 세상을 바꿀 수 있다. 생각의 씨앗이 자라나 나무가 되고, 나무가 모여 숲을 이룰 수 있기를 바란다.

지구의 날 봉사

 2019년 4월 22일, 지구의 날을 맞이해 푸른 아시아가 '온실가스·미세먼지 프리 챌린지' 캠페인을 진행했다. 이곳에 자원봉사자로 참여했다. 서울시청 광장에서 열려 인파가 많이 몰렸다. 부스마다 체험 도장을 찍어 오면 운영 본부에서 스테인리스 빨대와 세척솔을 선물로 주는 행사였다. 미세먼지로 인한 불편함을 적는 한 부스에는 아이들의 곡소리가 한가득 담겼다. 또 친환경 손수건 만들기 등 어린 아이들이 참여할 수 있는 체험 부스도 많이 있었다.

 이날은 블로그에 실천기를 적은 지 100화 기념으로 한 봉사 활동이었다. 봉사하며, 연대 의식을 느꼈다. 한 부모님이 다회용 빨대에 대해 아이에게 열심히 설명해 주시는 모습을 보니 흐뭇했다. 오늘 빨대를 받아 간 이들이 전부 다회용 빨대를 애용하지는 않을지도 모른다. 그러나 왜 일회용 빨대가 아니라 대용품이 존재하는지, 한 번이라도 인식하는 것은 분명 그 전과 차이점을 만드리라.

에필로그

미니멀 라이프의 가치

 내가 생각하는 미니멀 라이프는, 물건의 순환과 정리정돈, 버리는 과정을 통해 내게 꼭 필요한 물건만 소유하는 것이다. 이로써 인생의 가치를 한껏 끌어올리는 삶의 방식이다. 물건이 줄어들면 더 가벼운 몸과 마음이 따라온다. 또한 물건을 관리하거나 선택으로 고민하는 시간이 줄어 여유 시간이 많아진다. 그렇게 많아진 시간을 나의 목적에 맞게, 혹은 일상의 행복을 누릴 수 있는 시간으로 사용할 수 있다. 한편, 가족들에게 물건을 찾거나 정리정돈으로 인해 고성을 내는 일도 줄어드니 가족의 화목에도 도움이 된다는 부가적인 장점도 있다.

물론 미니멀 라이프가 모든 것의 해결책이 될 수는 없다. 살다 보면 가정, 학업, 진로, 인간관계 등 다양한 분야에서 고민과 문제가 생길 수 있다. 모든 문제에 반짝이는 해결책이 있지는 않다. 그렇지만 적어도 깨끗이 정돈된 환경은 인간을 정신적으로 건강하게 만든다. 나도 과거에 힘든 시기들이 꽤 있었다. 그러나 미니멀 라이프를 지향하며, 조금 더 현재를 살고 미래를 꿈꿀 수 있게 되었다.

과거는 과거일 뿐, 현재와 미래는 달라질 수 있다. 건강한 정신은 건강한 신체를 가져온다. 미니멀 라이프란 물질만능주의의 과한 욕심을 비우고 현재에 집중하며 행복을 찾는 과정이라고 생각한다.

마치는 글

 이 책은 2018년 4월부터 시작해 2019년 4월까지 적은 개인 블로그 기록을 모은 책이다. 당시 나는 '소소하게 실천'이라는 이름으로 매일 하나씩 미니멀 라이프나 제로 웨이스트 모습을 공유했다. 10번 정도 쓰려나 했던 게 50회를 넘어 100회를 채웠다. 그로부터 2년 후, 글을 다듬으며 지금의 나를 돌아본다. 플라스틱 프리와 채식은 그때만큼 지금도 여전히 어렵다. 기록을 남기던 1년 정도는 락토오보 채식을 하다가 지금은 페스코 채식을 하고 있다. 또 제로 웨이스트는 앞으로도 많은 시도와 변화, 용기가 필요할 듯하다. 그때의 나와 지금의 나의 간극을 고민하고, 다시금 미니멀리즘에 대한 마음을 상기하며 책을 완성해 나갔다.

 당시 제로 웨이스트나 미니멀 라이프는 대중에게 많이 알려지진 않았었다. 아는 사람만 아는 느낌이었달까. 내가 물건을 비우고 있으면, 가족들이 무엇을 하냐고 물어보기도 했다. 2021년 지금은 하나의 트렌드가 되었다.

'용기내 챌린지'처럼 음식을 일회용품 없이 담아 오는 실천도 SNS에서 퍼지고 있다. 〈신박한 정리〉, 〈숲속의 작은 집〉 등 관련 TV 프로그램도 방송하며, 미니멀 라이프에 대한 인식이 널리 퍼졌고, 이를 추구하고자 하는 이들도 늘었다.

미니멀 라이프든 제로 웨이스트든 완벽한 기준을 세워 까다롭게 실천하는 것보다 중요한 건 '마음'이 아닐까? 몇 개의 물건을 소유하느냐 기준을 정하고, 그 이하의 물건을 소유해야만 미니멀리스트는 아니다. 플라스틱과 비닐을 100% 쓰지 않겠다는 기준을 세우고 지키지 못했을 때 죄책감을 느끼기보다는 조금이나마 변화하는 모습을 칭찬하고, 다독이는 게 낫지 않을까? 조금 더 깔끔해진 내 방을 보거나 물건에 대한 욕심을 비울 때의 상쾌함을 느끼며 말이다. 이 작은 책이 당신의 미니멀 라이프에 한 톨만큼이라도 도움이 되었으면 좋겠다.

최근에 재미있게 본 드라마 〈미스터 션샤인〉의 한 대사로 이 책의 마무리를 해본다.

"같은 길을 걷겠소?"

 이병헌의 멋진 중저음 목소리로 이 말을 하면 누군들 고개를 끄덕이지 않으랴. 전쟁 통에 총 맞을 일은 없으니, 지구와 나를 위한 이 길을 함께 걸어 보는 건 어떨까?

이지은

가벼운 삶을 지향하는 미니멀리스트

『가방 하나, 유럽』『겨울 까미노 그림일기』『멜버른 드로잉』
『소소하게 미니멀 라이프』『따스한 온기』 저자

인스타그램 @l__jinn

소소하게 미니멀 라이프

ⓒ이지은, 2021

초판 1쇄 발행 2021년 6월 20일
초판 2쇄 발행 2022년 9월 30일

지은이   이지은   표지 그림   임사라
펴낸이   이지은
펴낸곳   꾸미
출판등록   2018년 12월 21일 제 2018-42호
이메일   ggumipub@gmail.com
팩스   0303-3448-5405
인쇄   책과6펜스

ISBN   979-11-965863-6-2 (03190)

본 책은 저작자의 지적 재산으로서 무단전재와 복제를 금합니다.